COMPARAISON

ENTRE

LA NOVATIO OBLIGATIONIS

ET

LA TRANSLATIO LEGATI

EN DROIT ROMAIN

PAR

Edmond PIÉBOURG

DOCTEUR EN DROIT

Extrait de la *Nouvelle Revue historique de droit français et étranger*
(MARS-AVRIL 1880).

PARIS

L. LAROSE, LIBRAIRE-ÉDITEUR

22, RUE SOUFFLOT, 22

1880

COMPARAISON

ENTRE

LA NOVATIO OBLIGATIONIS

ET

LA TRANSLATIO LEGATI

EN DROIT ROMAIN

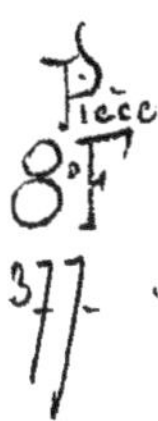

(Extrait de la *Nouvelle Revue historique de droit français et étranger*)

Corbeil, — Typ. et stér. Crété.

COMPARAISON

ENTRE

LA NOVATIO OBLIGATIONIS

ET

LA TRANSLATIO LEGATI

EN DROIT ROMAIN

PAR

Edmond PIÉBOURG

DOCTEUR EN DROIT

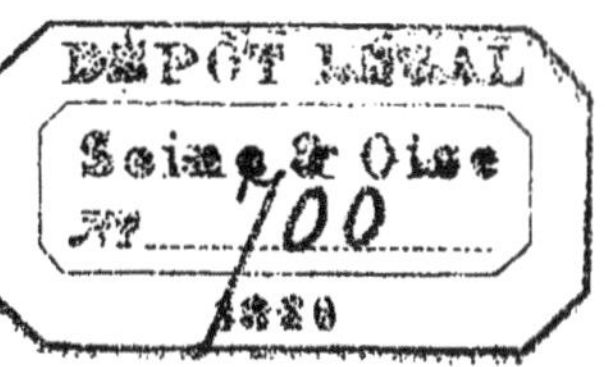

PARIS

L. LAROSE, LIBRAIRE-ÉDITEUR

22, RUE SOUFFLOT, 22

1880

COMPARAISON

ENTRE

LA NOVATIO OBLIGATIONIS ET LA TRANSLATIO LEGATI

EN DROIT ROMAIN

L'étude parallèle des obligations et des dispositions de dernière volonté, et plus spécialement de la stipulation et des legs, a fourni aux interprètes du droit romain le sujet de fécondes comparaisons, en leur permettant de faire ressortir la diversité des principes qui régissaient ces deux importantes théories (1).

Il est aisé de constater que dans les testaments (institutions d'héritier, legs, fidéicommis) une idée chère aux Romains était le respect de la volonté du défunt. Ce point de vue, si naturel pour le jurisconsulte moderne, était loin d'être admis à Rome dans toutes les parties de la législation : il semble qu'on y redoutait l'examen des difficultés naissant toujours de l'interprétation des volontés.

Pour régler notamment les effets de la stipulation, il a paru très pratique bien qu'un peu rude, de se renfermer dans le sens strict des mots et les termes de la formule, plutôt que de se hasarder dans les questions de fait où l'obscurité et les embarras pénètrent infailliblement. D'ailleurs ce procédé n'avait rien de trop rigoureux pour les individus dans une législation où les *prudentes* avaient composé des

(1) Effets de la condition et du dies incertus (L. 75, D. XXXV, 1, De condit. et dem.) ; stipulation et legs *tot annuorum aureorum quoad vivam*. (L. 16, § 1, D. XLV, 1. De verb. obl. — L. 4, D. XXXIII, 1. De annuis leg.).

formulaires qui visaient toutes les espèces possibles (1),
laissant aux particuliers le soin de chercher à leurs risques
et périls la formule correspondant exactement à l'opération
qu'ils avaient en vue. Ce système offrait en outre, en cas
de procès, l'avantage d'épargner au juge, parfois inhabile,
bien des tâtonnements ; son opinion lui était tracée à l'a-
vance dans la formule d'action calquée sur celle de la stipulation (2).

Une telle soumission à la formule s'expliquait assez bien
dans le domaine de la convention. Si le résultat en était
manqué, les intéressés n'avaient qu'à s'en prendre à eux-
mêmes ; et leurs successeurs qui en acceptaient les consé-
quences eussent été peu fondés à se plaindre d'un acte que
leur auteur avait dû faire avec réflexion, et qui en tout cas
n'engageait que des intérêts pécuniaires. La formule liait
les parties : il suffisait de la bien choisir et de l'employer à
propos.

Envisageons au contraire les testaments : tout autre est
le point de vue romain (3). Si l'intérêt du testateur, tout
au moins de sa mémoire, était seul en jeu, je comprendrais
qu'on le rendît responsable des termes dans lesquels il exprime sa pensée, et qu'on s'y tînt avant tout ; mais il n'en
est rien : le culte des *sacra privata,* qui se lie au culte natio-
nal et partant au droit public, l'intérêt des enfants du testateur auxquels il a peut-être nommé un tuteur dans le testament, enfin l'intérêt des créanciers et celui de l'héritier,
demandent qu'on maintienne autant que possible le testament
qui répond à tant de besoins, dût-on pour cela considérer
l'intention et la volonté du défunt plutôt que les mots par
lui employés. Faut-il rappeler que par une interprétation
hardie de la volonté présumée du testateur, on considéra
comme non écrites les conditions impossibles, immorales
ou illicites (4) apposées à une institution, alors cependant

____

(1) Cicéron, *De Oratore*, I, 58.

(2) « Sicut ipsa stipulatio concepta est ita et intentio formulæ concipi
debet. » Gaius, IV, 53.

(3) On sait les faveurs accordées en cette matière aux militaires, et
Justinien a pu dire du *miles* : « ejus sola voluntas in testando spectatur. »
(Inst. II, 14, § 5,)

(4) L. 14, D. XXVIII, 7. De cond. inst.

qu'elles annulaient absolument les opérations entre vifs où on les rencontrait (1)?

Et que dire si le testament contient des legs? Serait-il raisonnable de priver les légataires de leur émolument sous prétexte qu'il leur est adressé dans des termes incorrects au point de vue formaliste, bien que d'ailleurs la volonté du testateur ne soit pas douteuse? Assurément non ; car le légataire n'a pas à se reprocher de n'avoir point attiré l'attention du défunt sur une clause qu'il ne devait pas connaître, et que le testateur eût vraisemblablement corrigée s'il y avait plus réfléchi.

Je ne veux pas dire que les questions de forme sont étrangères à la matière des testaments ; loin de là ; mais je dis qu'ici plus que partout on tient compte, même à l'époque classique, de l'intention du testateur et aussi de la faveur due à la personne par lui gratifiée.

D'autre part, le matérialisme de la formule qui dut régner en maître à l'origine s'affaiblit aussi graduellement dans les autres parties du droit. Mais ce que nous voudrions mettre en lumière, dans l'étude d'une question spéciale, c'est que dans cette lutte entre le mot et la pensée, entre la formule et l'intention, le progrès s'est toujours fait sentir d'abord dans la théorie des testaments. On s'accoutuma aux réformes apportées assez volontiers dans cette partie du droit ; et l'évolution fut moins sensible quand elle s'introduisit dans les stipulations.

Pour comparer aisément cette élaboration entre les deux théories, il nous a paru intéressant de présenter un parallèle entre la novation (*stipulatio debiti*) et la *translatio legati*. La novation en effet est l'anéantissement d'une obligation opéré au moyen de la création d'une obligation nouvelle dérivant *ex stipulatu ;* la *translatio legati* est la révocation d'un legs opérée par la création d'un legs nouveau : ces deux opérations se prêtent donc merveilleusement à une comparai-

---

(1) C'est ainsi encore qu'au lieu d'annuler l'institution faite *ad diem*, comme le commanderait la règle « *nemo partim testatus partim intestatus decedere potest* », la loi romaine maintient l'institution en supprimant le *dies* apposé. — Ainsi encore on supprime la mention de la *certa res* ou de la *certa pars* apposée à l'institution.

son appelée par les traits communs qui les relient en plus d'un point.

Demandons d'abord aux jurisconsultes romains la définition de ces deux institutions.

« Novatio est prioris debiti in aliam obligationem vel civilem vel naturalem transfusio atque *translatio ;* hoc est, cum ex præcedenti causâ ita nova constituatur, ut prior *perimatur*. Novatio enim a *novo* nomen accepit et a *novâ* obligatione » (Ulpien. L. 1. D. XLVI. 2, De novat.)

« *Translatio* legati sit quatuor modis ;.... verius est hoc casu *ademptum* esse legatum ;.... *novissima* enim voluntas servatur. » (Paul, L. 6, pr. § 1, § 2, D. XXXIV. 4, De adim. vel transfer. leg).

L'analogie entre ces deux fragments est frappante par la similitude des expressions employées. Dans les deux cas il y a une *translatio*, et le résultat qu'elle produit est une *peremptio* ou *ademptio ;* la novation tire précisément son nom de cette nouveauté qu'on rencontre dans l'une et dans l'autre.

Pour exposer avec quelque méthode les ressemblances et les différences de la novation et de la *translatio legati*, envisageons-les à trois points de vue :

I. Conditions de forme.

II. Conditions de fond.

III. Effets.

I

CONDITIONS DE FORME.

Il est établi aujourd'hui que la novation au temps de Gaius était une pure question de formule ; puis que peu à peu l'on tint compte de l'intention des parties, à ce point que sous Justinien l'*animus novandi* est la condition essentielle à ce mode d'extinction et de transfert des obligations. Il serait inutile et périlleux de refaire à cet égard un travail savamment exposé par un des directeurs de cette Revue (1). Or, le progrès s'est présenté, croyons-nous, identique

____

(1) **M. Paul Gide.** Études sur la novation et le transport des créances.

dans la *translatio legati ;* et le mouvement de transformation s'y fit même sentir avant de pénétrer dans le domaine de la novation qui, rattachée à la théorie de la stipulation, devait résister plus longtemps que la *translatio legati* liée aux principes des testaments.

Etudions ce développement historique à trois époques du droit romain.

Première période.

C'est celle où les formules sacramentelles peuvent seules créer, modifier, anéantir un résultat juridique : cette exigence, nous la rencontrons dans la novation et dans la *translatio legati.*

Le créancier et le débiteur pour nover l'obligation qui les enchaîne, le testateur pour changer le nom du bénéficiaire du legs ou celui de l'héritier qui en était grevé, doivent user de formules consacrées spécialement. Sans doute elles ne sortiront leur effet que si l'emploi en est volontaire de la part des intéressés ; mais une fois prononcées volontairement, elles produiront leurs résultats inexorables, même contre le vœu des parties. En cela, rien de bizarre aux premières époques d'une législation : d'une part, la rigueur même des moyens employés conseille aux parties de ne s'en servir qu'avec prudence, et d'hésiter en quelque sorte avant d'en faire usage ; et, d'autre part, la réflexion qu'elles ont dû y mettre donne à penser que l'effet de la formule prononcée secondera leurs vues. A-t-on usé au contraire d'une formule inexacte, l'intention des parties sera vaine, et ne saurait produire un effet attaché uniquement à la formule consacrée.

Cette puissance de la forme s'accuse dans les textes.

I. *Novation.* — Pour la novation d'abord : lisez les institutes de Gaius, et vous y verrez écartée d'une façon évidente l'intention des parties à laquelle Servius Sulpicius proposait cependant de se rattacher : on ne tient compte que de la formule, qui n'est autre que celle de la stipulation ; c'est la pratique reçue, dit Gaius (1).

---

(1) Gaius, III, § 179. — L. 24, D. XIII, 5. De pec. const.

Il y avait là un sérieux danger ; car si la novation présuppose une stipulation, à l'inverse toute stipulation n'entraîne pas nécessairement une novation : elle peut notamment servir à juxtaposer à une obligation principale une créance ou une dette accessoire. A quel signe donc reconnaîtra-t-on le mobile des stipulants ? C'était évidemment à un détail de la formule, qu'il serait peut-être difficile de reconstituer exactement, mais sur l'existence de laquelle l'esprit général du droit romain ne permet aucun doute (1).

II. *Translatio legati*. — Pour la *translatio legati*, la nécessité de formules spéciales n'est pas moins visible.

Le testament devait encore, dans la période qui nous occupe, être célébré, rédigé dans des termes sacramentels ; il était assez logique que les legs qu'il contenait fussent aussi soumis à des formes régulières : de là cette division ingénieuse des legs groupés en quatre catégories. Cette classification, répondant à diverses situations, est l'un des plus frappants exemples du vieux procédé romain qui consistait à tout prévoir et pour ainsi dire à tout étiqueter.

Cela rappelé, on ne pouvait, nous dit Ulpien, révoquer un legs que dans un testament ou un codicille confirmé, et cela en des termes identiques (sauf la négation) à ceux qui avaient servi à le laisser « dum tamen eodem modo adimatur quo modo datum est (2). »

Or, si l'on songe que la *translatio legati*, opération à double face, révoque un legs et en crée un autre, on voit qu'il y avait deux raisons pour ne la valider que si elle était contenue dans un testament ou un codicille confirmé ; mais un principe plus remarquable, où la force de la formule s'affirme davantage, c'est que le legs *per vindicationem* devait être transféré dans la forme du legs *per vindicationem*, et ainsi des autres. Voici des exemples pris à notre titre au Digeste : « Quod Titio legavi, id Seio do lego. (5. D. h. t.) « Quod Titium dare damnavi, Seius damnas esto dare. » (6. § 1. D. h. t.)

Faute par le testateur d'établir cette concordance, la *translatio* ne s'opérait pas, sa volonté fût-elle d'ailleurs indénia-

(1) Comparer M. Gide, *loc. cit.*, p. 161, seq.
(2) Ulp. XXIV, § 29.

ble ; je crois en effet que dans cette période du droit ancien, l'identité des formules employées permettait seule d'affirmer que le legs nouveau devait remplacer l'ancien. Supposons donc qu'après avoir écrit « Stichum heres meus damnas esto dare Titio » le testateur écrive : « Stichum quem Titio legavi, Seio do lego » ; quel sera l'effet de cette dernière formule ? Elle ne produira pas révocation du premier legs, car elle ne pouvait se produire que dans la formule du legs *per damnationem.*

Mais est-ce à dire que Seius ne pourra rien recueillir ? Non pas, car il lui est adressé un legs *per vindicationem* qui vaut comme tel. Il y aura donc deux légataires. Si le testateur voulait être sûr de révoquer le premier legs, il fallait employer la forme inverse, soit dans une *translatio*, soit dans une *ademptio* distincte.

C'est ainsi que le créancier conventionnel qui tenait à éteindre l'obligation, pouvait le faire par novation ou par acceptilation (sorte d'*ademptio debiti*) ; et ce dernier moyen était plus sûr, car en employant une formule mauvaise dans le but de nover, la dette nouvelle pouvait bien naître, mais la première subsistait.

On comprend du reste que ce système rigoureux était plein de gêne ; et, négligeant l'intention des parties, il était trop contraire à l'équité pour ne pas être battu en brèche par les jurisconsultes de l'époque classique.

A quelle époque commença la réaction ?

L'empire exclusif de la formule subsistait encore au temps de Marcellus et de Gaius dans le domaine de la novation (1), c'est-à-dire à la dernière moitié du second siècle de notre ère ; et les formes plus simples du constitut ne pouvaient réaliser qu'une quasi-novation.

Quant à la *translatio legati*, on avait sans doute conservé dans la pratique l'habitude de reprendre la formule du legs ordinaire pour l'appliquer au legs nouveau ; mais du moins n'y avait-il plus péril à négliger cet ancien formalisme, car dès le premier siècle une réforme importante avait rajeuni la théorie des legs. Le sénatusconsulte Néronien

____

(1) *Suprà*, p. 9.

avait permis au légataire de valider comme legs *per damnationem* tout autre legs déclaré nul pour impropriété de la formule (1) ; il en faut conclure que la validité de la *translatio legati*, liée si intimement à l'ancien système, subit les mêmes vicissitudes. Le sénatus-consulte est le point de départ de la réaction ; aussi Ulpien, toujours prêt à provoquer ou à adopter les réformes, dit-il sans hésiter et ne tenant plus aucun compte des formules : « Si quis ita legaverit : Titio fundum do lego ; si Titius decesserit, Seio heres meus dare damnas esto, *recte translatum legatum videtur* » (2).

Ainsi le formalisme fut attaqué ouvertement et singulièment discrédité par le sénatus-consulte Néronien dans la matière de la *translatio*, tandis qu'il restait encore maître dans la novation. C'est seulement depuis Papinien, Paul et Ulpien que celle-ci entre dans une voie de transformation quelque peu timide sous l'empire de considérations et de tempéraments d'équité qui ne triompheront définitivement que sous Justinien.

C'est à l'époque de ces grands jurisconsultes qu'il faut maintenant nous placer.

Deuxième période.

I. *Novation.* — Deux circonstances facilitèrent la marche de la novation vers le droit naturel qui demandait qu'on tînt compte au moins dans une certaine mesure de l'intention des parties, de l'*animus novandi*.

D'abord le préteur avait créé le constitut dont l'une des fonctions était précisément de réaliser une quasi-novation avec moins de gêne que la stipulation. Mais si ce pacte prétorien, essentiellement consensuel, opérant même *inter absentes*, repose uniquement sur l'intention des parties, ce qui constitue un immense avantage, il présente, d'autre part, cette infériorité sur la stipulation : outre qu'il n'a d'effet que *exceptionis ope*, il ne peut avoir pour objet que de l'argent ou des denrées.

(1) Ulpien, XXIV, § 11, a.
(2) L. 3, p. D. XXXIV, 4. — L. 89, D. XXXV, 1.

A côté de cela, la jurisprudence civile réalisa un progrès non moins sérieux. En retirant au juge le secours d'une formule qui lui traçait impérieusement son devoir, il fallait lui donner un autre guide pour interpréter la volonté qu'on cherchait à substituer au formalisme. Pour cela les jurisconsultes introduisirent certaines présomptions, qui devinrent présomptions légales, et desquelles on induisait qu'étant données telles ou telles circonstances de fait les parties avaient eu l'intention de faire novation.

Ajoutez enfin que dès l'époque de Paul et d'Ulpien la stipulation se simplifia ; les paroles sacramentelles cessent d'être exigées ; il suffit que le débiteur ait écrit « se promisisse » pour que l'interrogation soit présumée avoir été faite. La novation bénéficia nécessairement de cette simplification, et la présence des parties resta la seule condition rigoureuse exigée. Dès lors le point de savoir ce que les parties ont voulu sera non plus de droit, mais de fait.

Y a-t-il eu stipulation ? Y a-t-il eu *animus novandi* ? Telles sont désormais les questions soumises au juge : la seconde s'est greffée à la première, seule exigée autrefois. Cet élément nouveau qui vient s'ajouter à la stipulation n'apparaît pas encore sous Gaius ; mais Paul, Ulpien, Papinien en révèlent l'introduction. C'est donc tout à la fin du second ou au début du troisième siècle de notre ère que se place notre seconde période.

Les textes abondent en ce sens : en voici trois : « Novationem ita demum fieri, dit Ulpien, si hoc agatur ut novetur obligatio. » (L. 2. D. XLVI. 2. De novat.). — « ... non fit novatio, quia non hoc agitur ut novetur. » (Ulp. L. 6. D. XLVI. 2. h. t.). — « In duobus reis frustra timetur novatio ;..... parvi refert simul spondeant an separatim promittant, cum hoc actum inter eos sit ut duo rei constituantur ; neque ulla novatio fiet. » (Ulp. L. 3. D. XLV. 2. De Duob. reis.)

II. *Translatio legati*. — Dans la *translatio legati*, avonsnous vu plus haut, le sénatus-consulte Néronien avait dès le premier siècle commencé à battre en brèche le formalisme qui s'y faisait sentir comme dans toute la matière des legs. C'est qu'on veut dès cette époque, donc un siècle avant la transformation timide de la novation, donner la prédominance à la volonté du testateur ; la *translatio legati* a déjà pris et gardera toujours les devants ; assistons au développement de ce progrès.

1. Les fidéicommis qui depuis Auguste avaient trouvé faveur facilitèrent le mouvement. On put transformer un legs en un fidéicommis ; et celui-ci pouvant être laissé même dans un codicille non confirmé (1), ainsi se trouvèrent abolies les deux exigences formalistes signalées précédemment d'après Ulpien (XXIV, § 29).

2. Un legs, au lieu d'être révoqué et transféré au profit d'un nouveau légataire dans la forme sacramentelle et inverse, l'a été, je le suppose, par un simple acte de volonté dépourvu de cette condition extérieure. La *translatio* sera-t-elle efficace ? J'ai dit que dans l'ancien droit le legs primitif subsistait. Mais dans le droit nouveau Ulpien enseigne, pour l'*ademptio* proprement dite, qu'elle produira ses effets « exceptione doli mali opposita » (2) ; nous devons admettre le même progrès pour la *translatio legati*. De la sorte l'action du premier légataire échoue malgré le strict droit par cela seul que la volonté certaine du défunt prime la forme, et le deuxième légataire se fera investir du legs, en invoquant cette même volonté : « novissima enim voluntas servatur » (3).

3. De là à admettre que la *translatio* pourrait s'opérer en vertu d'une volonté exprimée tacitement, il n'y eut qu'un pas à franchir. Il suffit par exemple qu'il y ait incompatibilité entre le legs nouveau et le legs antérieur, pour que la *translatio* soit réputée faite. Mais cette conséquence extrême et naturelle de la prédominance de la volonté du défunt devait aboutir en fait à des difficultés d'appréciation très délicates ; nous n'avons pas à y insister, mais le soin que les jurisconsultes mettent à développer leurs espèces montre bien qu'ici l'intention du testateur fait tout (4).

4. Enfin contrairement à ce qui devait se passer dans la

(1) Gaius, II, § 270.
(2) L. 3, § 11, D. XXXIV, 4.
(3) L. 6, § 2 ; L. 15, D. XXXIV, 4.
(4) L. 30, § 1. L. 31, D. XXXIV, 4.

première période sous l'empire exclusif de la formule, la *translatio* pourra opérer révocation du legs primitif alors même que le legs nouveau serait sans effet; il suffit qu'il n'y ait aucun doute sur la volonté de révoquer contenue implicitement dans l'acte fait en forme de translation. Ulpien est formel : « Plane ubi transferre voluit legatum in novissimum, priori non debebitur : tametsi novissimus talis sit, in cujus persona legatum non constitit » (1).

Ainsi la réforme est accomplie au temps d'Ulpien : l'intention, et l'intention seule du défunt règle les effets et l'étendue de la *translatio legati*. La novation au contraire n'est encore qu'en voie de progrès : l'*animus* s'est joint à la formule; celle-ci ne perdra ses effets que sous le Bas-Empire.

Troisième période.

I. *Novation*. — C'est en effet Léon (2) qui consomma l'abolition des formules de stipulation en laissant toute liberté aux parties quant aux formes de l'interrogation. Dès lors l'intention des parties devint souveraine dans la stipulation novatoire ; cette stipulation elle-même n'est plus qu'un souvenir, un simulacre sans valeur, s'il n'est pas prouvé que l'intention des parties, seul élément sérieux et vivifiant désormais, était bien un *animus novandi.*

Ce sont ces idées nouvelles que Justinien a voulu, je crois, consacrer dans sa constitution 8, au Code (VIII. 42. De novat.). Ce qu'il veut, c'est non pas faire renaître un formalisme qui eût été un non-sens et un embarras de son temps, mais c'est exiger que l'acte contienne une preuve claire et incontestable que la novation a été l'œuvre volontaire et réfléchie des contractants. Il a surtout en vue de supprimer les difficultés nées du système de présomptions légales qui avait préparé la réforme dernière, mais qui favorisait les divergences d'opinion des anciens jurisconsultes : « voluntate solum esse, non lege novandum » (3).

(1) L. 34, p. D. XXX. De leg. 1°. — L. L. 8, 20, D. XXXIV, 4.
(2) Const. 10, C. VIII, 38. De contr. et committ. stipul.
(3) L. 8, C. VIII, 42. Instit. III, 29, § 3. Quib. mod. obl. toll. — Le « hoc

II. *Translatio legati.* — Il est à peine besoin de dire que
la *translatio legati* est une pure question de volonté sous le
Bas-Empire; l'étude du droit classique nous a montré que
depuis longtemps il en était ainsi. Justinien n'avait donc
rien à changer à cette pratique si conforme à l'équité
et au droit naturel; il n'avait pas même à supprimer
les ambiguités d'un système de présomptions légales qu'on
n'avait jamais en cette matière songé à organiser.

Mais dans une constitution dont la date (530), les allures
et les termes rappellent ceux de la constitution 8, *de novatio-
nibus*, l'empereur tranchant d'anciennes controverses, « dé-
cidentes antiquam controversiam », déclare que si le testateur lègue successivement une même chose à deux personnes, on ne présumera pas une *translatio* totale du legs
au profit du second légataire; mais on les appellera l'un et
l'autre à se partager le legs par moitié « nisi specialiter
expresserit et dixerit testator tantas quidem partes velle
unum, tantas autem alterum habere. In omnibus etenim
testatoris voluntatem, quœ legitima est, dominari cense-
mus » (1).

En somme, pour ce qui touche à la *forme* de la novation
et de la *translatio legati*, nous n'avons eu qu'à présenter un
épisode de cette lutte, générale dans tout le droit romain
contre la formule qui, souveraine au début, s'efface peu à peu
devant un élément plus spiritualiste, base des législations
modernes : l'intention des parties. Le point qu'il importait
de mettre en lumière était l'avance qu'a toujours tenue le
legs sur la stipulation.

---

inter contrahentes expressum fuerit » de Justinien équivaut au « quod
actum est » d'Ulpien, et n'a pour but que de réduire la question à une
pure interprétation de fait, abstraction faite des présomptions légales qu'il
était bien difficile de combattre, quoiqu'elles pussent tomber souvent à
faux.

(1) L. 23, § 1, C. VI, 37. De Legatis.

II

CONDITIONS DE FOND.

La même observation trouve sa place dans cette seconde partie, mais elle n'y est qu'accessoire. L'intérêt saillant de ce chapitre consistera dans le relevé des différences et des ressemblances de fond qui séparent ou unissent nos deux institutions; c'est ce qu'il faut dégager avec soin, reléguant au second plan le côté historique.

A quelles conditions de fond la novation et la *translatio legati* seront-elles efficaces? Il en est trois qui vont nous arrêter.

Première condition.

Il faut quelque chose à transférer (1) : une obligation, un legs.

I. *Novation.* — De la définition même de la novation il résulte qu'elle suppose l'existence d'une obligation qu'il s'agit de transférer (2), de modifier, d'éteindre : on ne saurait nover ce qui n'existe pas ; c'est là une condition fondamentale.

Que s'il n'y a pas de dette primitive, la stipulation ne sera pas novatoire, mais donnera cependant naissance à une obligation, s'il y a un objet déterminé, car la stipulation a sa cause en elle-même : cela du moins dans le droit ancien, bien que ce puisse être contraire au vœu des parties. — Mais quand on en fut arrivé à tenir compte surtout de l'intention, on ne dut admettre la naissance d'une obligation nouvelle que si l'on avait la preuve que les parties voulaient en créer une à tout événement ; et vraisemblablement elles ne voulaient la faire naître que comme compensation à une extinction de dette précédemment existante. Si donc le nou-

____

(1) Je prends cette expression dans le sens qu'a le mot *translatio* dans les deux textes où j'ai puisé les définitions.

(2) Elle peut dériver d'ailleurs *ex quacumque causa*. (L. I, § 1. D. XLVI, 2. De novat.)

veau promettant est dans l'erreur, on lui donnera une *condictio* contre celui qu'il croyait être son créancier (1).

II. *Translatio legati.* — Il semble que la première condition pour transférer un legs soit l'existence de ce legs consigné dans un testament ; comment transférer le néant? Cela est vrai, mais sous le bénéfice de l'observation suivante :

Alors même que le testament contient une libéralité au profit de Primus, le droit de celui-ci est encore dans le vague : c'est une simple attente, une espérance plutôt qu'un droit sérieux et existant. Le bénéfice éventuel de ce legs peut en effet disparaître sans que Primus ait la faculté de se plaindre ; et il y a peu d'exagération à dire qu'un legs dont la *diei cessio* n'est pas arrivée est le néant au point de vue juridique.

Cela étant, il importe peu au fond qu'un legs fragile de son essence ait été fait ou que le testateur n'ait encore disposé de rien à titre de dernière volonté ; dans les deux cas, car il est libre, il pourra *transferre legatum*, et l'expression de sa volonté produira soit une véritable *translatio legati*, soit la création originaire d'un legs indépendant.

Ulpien donne de cette doctrine un exemple concluant : « Si quis ita legaverit : *Titio fundum do, lego : si Titius decesserit, Sempronio heres meus damnas esto dare*, recte translatum legatum videtur : sed etsi jam mortuo eo, cui legatum erat, easdem res transtulerit, Sempronio debetur » (2). Dans cette espèce le premier legs était éteint par suite du prédécès du légataire ; le transport vaut alors comme création d'un legs original malgré les termes employés, car le testateur, eût-il connu la mort de Titius n'en eût pas moins gratifié Sempronius : du moins on interprète le testament avec cette même largeur de vues.

Deuxième condition.

Il faut la création d'une nouvelle obligation, d'un nouveau legs.

I. *Novation.* — C'est en effet une opération à double effet,

(1) L. 13. D. XLVI, 2.
(2) L. 3, pr. D. XXXIV, 4, h. t.

et l'extinction de la première dette n'aurait pas de cause s'il ne naissait pas une nouvelle obligation, fût-elle naturelle(1) ; la stipulation n'a de force extinctive que parce qu'elle a une force créatrice.

La seule condition exigée de la dette nouvelle, au point de vue du droit ancien, c'est qu'elle dérive *ex stipulatu :* Ainsi s'explique que la promesse d'un esclave, ou d'un pérégrin dans la forme *spondes* ne produisait pas novation. Mais cette exigence formaliste s'affaiblit progressivement : Servius Sulpicius, amateur des théories larges, protestait contre cette rigueur (2) ; et Gaius montre (3) que ces critiques avaient porté leurs fruits, mais dans certains cas seulement.

II. *Translatio legati*. — Il est bien certain que le legs nouveau ne naîtra pas *ex stipulatu ;* cette différence s'impose avec la novation.

Mais est-il même nécessaire qu'il prenne naissance pour que le premier legs s'évanouisse? Je distinguerai selon les époques : dans le très ancien droit domine la formule : elle seule règle la question ; or la formule de la *translatio*, (qui est celle du legs *per vindicationem*, ou autre) n'a par elle-même aucune force extinctive ; cette puissance est la contrepartie et la conséquence de la création du legs qu'elle contient. Si donc, le second légataire, par exemple, vient à décéder avant le testateur, le second legs ne naît pas, et le premier subsiste, car la révocation manque de cause : question de formule.

Au contraire quand l'intention du testateur fut seule à examiner, et cela vint de bonne heure, il suffit pour que le legs originaire tombât que la volonté du testateur n'eût pas été douteuse à cet égard ; qu'importait que la forme fût irrégulière ou que le legs nouveau ne produisît pas d'effet ; la *translatio* fût-elle sans effet comme transport, aura du moins effet comme révocation, car la *translatio* contient en soi une *ademptio* tacite (4).

(1) L. 1, § 1. D. XLVI, 2, h. t.
(2) Gaius, III, § 176, 179.
(3) L. 30, § 1. D. II, 14. De pactis.
(4) L. 34, D. XXX. Leg. 1°. L. 20. D. XXXIV, 4, h. t.

Troisième condition.

Il faut quelque chose de nouveau.

Les § 176 et suivants du troisième commentaire de Gaius indiquent ce *quid novi* dans la novation. Pour la *translatio legati,* voici comment Paul s'exprime : « Translatio legati sit quatuor modis : aut enim a persona in personam transfertur : aut ab eo qui dare jussus est transfertur, ut alius det : aut cum res pro re datur, ut pro fundo decem aurei : aut quod pure datum est transfertur sub conditione » (1). Afin de mieux comparer nos deux institutions, étudions le « aliquid novi » résultant : A. d'un changement de personnes, et B. du changement d'un élément de la dette, oudu legs, entre les personnes primitives.

A. Changement de personnes.

Ce peut être d'abord le changement du créancier ou du légataire.

I. *Novation.* — Le nouveau créancier, dit Gaius, stipulera sur l'ordre de l'ancien, du débiteur qui reste le même : l'intervention du premier créancier est nécessaire parce qu'on ne peut pas l'exproprier malgré lui de son droit (2).

II. *Translatio legati.* — Le testateur, maître de la situation, désignera à son héritier telle personne nouvelle à laquelle il désire que le legs soit délivré. Le premier légataire n'a pas à réclamer, puisqu'on ne le dépouille à vrai dire de rien. C'est le seul cas que cite Gaius : « Quod Titio legavi, id Seio do lego » (3). — Notez qu'il y aura lieu d'interpréter la volonté du défunt, qui peut-être voulait favoriser Titius et Seius : et en cas de doute on présumera qu'il en sera ainsi, car les révocations ne se supposent pas facilement.

Supposons maintenant qu'on change l'obligé à la dette ou le débiteur du legs.

I. *Novation.* — Le changement de débiteur est l'hypothèse sur laquelle Gaius raisonne le plus volontiers à propos de la novation (4); cela vient sans doute de ce que le

(1) L. 6, pr. D. XXXIV, 4, h. t.
(2) Gaius, II, § 38.
(3) L. 5, D. XXXIV, 4, h. t.
(4) Gaius, III, § 176, seq.

créancier ayant un droit sérieux et vivant dont il ne peut pas être exproprié, la situation ordinaire et la plus pratique est précisément celle dont il s'agit; c'est à ce titre que Gaius la prend pour type. Le créancier change de débiteur sans doute pour obtenir plus de sûreté.

II. *Translatio legati.* — Le testateur est maître de la situation, et sa volonté est souveraine. C'est ainsi qu'il peut après avoir chargé tous ses héritiers d'un legs au profit de Titius, déclarer qu'il décharge de cette obligation tel de ses héritiers; et le jurisconsulte Julien dit que dans ce cas il n'y a pas diminution du bénéfice au détriment du légataire, mais qu'il y a *translatio*, transport de la charge imposée d'abord à tous, sur la tête seulement de ceux qui n'ont pas été dégrevés (1). C'est une application de l'idée exprimée en manière de principe dans le texte fondamental de Paul à notre titre. « Quum dico quod Titium dare damnavi, Seius damnas esto dare, videor dicere ne Titius det » (2).

B. Changement entre les mêmes personnes.

On peut concevoir en ce cas un changement intervenant sur la cause, l'objet ou les modalités.

CAUSE.

I. *Novation.* — Il y aura changement de cause dans la novation toutes les fois que la dette primitive ne dérivait pas *ex stipulatu*, puisque la nouvelle obligation naît nécessairement d'une stipulation : ainsi se trouveront modifiées la nature et la sanction du droit nové. Ce changement de cause offre l'avantage de « communiquer aux obligations contractées par des modes naturels les qualités et privilèges de l'obligation verbale » (3).

(1) L, 104, pr. D. XXX. De leg. 1°. « Ab omnibus heredibus legatum ita erat, *quisquis mihi heres erit, damnas esto Titio dare centum :* deinde infra comprehensum erat, ne unus ex heredibus ei daret ; quæritur reliqui heredes utrum tota centum dare deberent, an deducta unius hereditaria portione ? Respondit verius esse reliquos heredes tota centum debere: cum et significatio verborum non repugnet huic sententiæ, et voluntas testatoris congruat. »

(2) L. 6, § 1. D. XXXIV, 4, h. t.

(3) M. Gide, *loc. cit.*, p. 44. Voir aussi plus loin, quand je parlerai des effets.

II. *Translatio legati*. — Comment concevoir ici le changement de cause? Les deux legs ne dérivent-ils pas *ex
testamento*? N'ont-ils pas leur origine dans la volonté libé-
rale du testateur? Quant au motif indirect ou éloigné qui a
dicté la décision du testateur, il n'importe nullement, et il
prendrait une peine inutile s'il faisait une *translatio* en
forme pour appuyer sa libéralité sur une nouvelle consi-
dération.

Aussi la loi 6 à notre titre, à laquelle il faut toujours re-
venir, ne mentionne-t-elle pas le changement de cause.

Cependant il y aurait intérêt, à l'époque de la distinction
des legs en quatre classes, à adopter une forme au lieu d'une
autre, et à en changer au besoin; par exemple la *translatio*
d'un legs *per damnationem* en un legs *sinendi modo* offrirait
au légataire le bénéfice des *usuræ* (1). Mais on comprendra
qu'une pareille interversion est impossible, si l'on se rap-
pelle que le legs primitif doit être révoqué par une formule
inverse de celle dans laquelle il a été laissé, et que la *translatio* contient à la fois la révocation et la création du legs
nouveau. Au reste, quand la réforme du sénatus-consulte
Néronien apparut, et plus tard quand Justinien eût confondu
legs et fidéicommis, il devint peu important pour le bénéficiaire d'être l'objet d'une disposition rédigée en telle ou
telle forme.

OBJET.

I. *Novation*. — La novation par changement d'objet était
impossible au temps de Gaius (2).

Cette impossibilité qui résultait du système tel que le formalisme l'avait fait, allait souvent contre l'intention des
parties, et ne leur permettait pas de réaliser par un moyen
rapide un résultat peut-être très désirable.

Aussi la réaction se fit-elle sentir ici comme partout,
bien qu'assez timidement et lentement. — Le préteur, dit
Ulpien (3), donna l'exception *doli mali* au débiteur contre
le créancier qui lui demandait l'objet de la dette originaire.

(1) Gaius, II, § 280.
(2) M. Gide, *loc. cit.*, p. 117 et suiv.
(3) L. 4, D. XLVI, 2, h. t.

— A côté d'Ulpien voici Paul (1) qui invoque l'autorité de Julien pour décider que dans le cas où l'esclave stipulé viendrait à mourir par la faute du débiteur, on pourra nover la dette en stipulant sa valeur. — Enfin Papinien (2) s'attache avec quelque hésitation à l'*animus novandi* que les jurisconsultes de l'époque classique ont de la peine à faire prévaloir.

Arrivons à Justinien. Il faut reconnaître que si l'identité d'objet est toujours exigée pour que la novation opère *ipso jure*, du moins celle-ci produira *exceptionis ope* ses effets quand on changera l'objet dû ; et cette question de procédure n'offre plus d'intérêt pratique au Bas-Empire. D'ailleurs cette importante réforme, conforme à l'intention et à l'équité, était déjà préparée par la possibilité de nover par addition ou retranchement dans l'objet dû : « Si quis vel aliam personam adhibuerit, vel mutaverit, vel pignus acceperit, vel quantitatem augendam vel minuendam esse crediderit..... » (3)

II. *Translatio legati.* — Peut-on léguer *aliud pro alio* ?

Je ne connais pas de texte qui indique la réponse pour l'ancien droit ; mais, si nous remontons comme pour la novation aux textes de Gaius, nous verrons que le seul conservé à notre titre (4) garde le même silence sur la *translatio legati* par changement d'objet.

L'induction qu'on peut tirer de ce silence est corroborée par la L. 6 § 2. de Paul, à notre titre, qui fait précisément allusion à une opinion soutenue sans doute par des jurisconsultes attardés, et que pour sa part il repousse comme devaient le faire les jurisconsultes récents : « Item si pro fundo decem legentur, quidam putant non esse ademptum prius legatum ; sed verius est ademptum esse : novissima enim voluntas servatur. » On respecte en effet la volonté avant tout, et le jurisconsulte peut s'exprimer sans détours.

En somme si l'identité d'objet a été ici exigée, elle a cessé

---

(1) L. 91, § 6, D. XLV, 1. De verb. obl. — Voir M. Labbé, De l'influence de la demeure ou du fait d'un débiteur, p. 37.

(2) L. 28. D. XLVI, 2, h. t.

(3) L. 8, Code VIII, 42, h. t.

(4) L. 5, D. XXXIV, 4, h. t.

de l'être de bonne heure, car Paul ne discute même pas ;
tandis que pour la novation, le même Paul, Ulpien, Papinien sont hésitants ; et Justinien lui-même conserve, du
moins en droit et pour l'honneur des principes, la nécessité
de l'identité d'objet.

MODALITÉS.

I. *Novation*. — On pourra nover une dette pure et simple
en y ajoutant un terme, ou une dette à terme en supprimant
le *dies* (1) : la formule de la stipulation opèrera *hic et nunc*
son effet extinctif et créateur. La preuve qu'ici encore l'intention des parties ne suffît pas, c'est que l'*adjectio* ou la
detractio diei faite par simple pacte ne donne naissance qu'à
une exception ; cependant peu à peu la jurisprudence tem-
péra cette rigueur, mais la loi *Lecta* (2) nous montre qu'au
temps de Paul l'effet du pacte adjoint *in continenti* à une
stipulation est encore discuté.

La novation peut se faire aussi par *adjectio* ou *detractio
conditionis :* on en verra plus loin les effets (3).

II. *Translatio legati*. — Elle peut se faire aussi par addition ou suppression de modalités : « Quod pure datum
est, transfertur sub conditione ». Paul cite à dessein
sans doute à titre d'exemple dans notre loi 6, l'addition
d'une condition ; on verra en effet plus loin que ce cas pré-
sentait des difficultés dans la novation, et qu'on n'y appli-
quait pas encore au temps de Gaius une théorie proposée
par Servius Sulpicius et que nous verrons au contraire consacrée pour les legs dans la loi 7 à notre titre au Digeste.

III

EFFETS.

Il était bien difficile de ne pas dire au cours même de cette
étude quelques mots sur les effets de la novation et de la

(1) LL. 5, 8, § 1. D. XLVI, 2, h. t.
(2) L. 40. D. XII. 1. De Reb. cred.
(3) Je ne dis rien de l'*adjectio* ou de la *detractio* d'un sponsor (G. III,
177, 178) ou d'un fidéjusseur (Inst. III, 29, § 3. *Quib. mod.*) qui ne se
comprendraient pas dans la *translatio legati*.

translatio legati; on l'a fait avec le plus de sobriété possible : il faut maintenant préciser.

I. *Novation.* — Dès que les conditions de forme et de fond examinées plus haut seront remplies, la novation produira invariablement son double effet extinctif et créateur.

Elle supprime *hic et nunc* un droit vivant d'une vie propre, source de prérogatives pour son titulaire, et dessaisit celui-ci *ipso jure* pour investir de suite le titulaire de la nouvelle créance. Et ces deux effets sont liés l'un à l'autre comme la cause à l'effet. Bien plus, du temps de Gaius ces deux résultats sont indécomposables et l'un ne saurait se produire si l'autre ne se produit pas; la novation antique n'étant qu'une transformation de la dette, la nouvelle forme ne peut exister que si l'ancienne disparaît : « prima tollitur translata in posteriorem » (1).

Aussi comprend-on que les jurisconsultes laissent en suspens l'effet de la novation faite avec suppression de condition; elle se réalisera si la condition se réalise (2); au cas où la condition de la première obligation viendrait à défaillir, la novation ne s'opérerait pas faute de cause, c'est-à-dire faute de rencontrer une obligation à éteindre. — Suppose-t-on une novation par addition de condition, elle ne se réalisera que si la condition arrive; fait-elle défaut, la première obligation subsiste (3).

Une législation plus spiritualiste aurait voulu qu'on recherchât si les parties n'avaient pas eu l'intention de substituer à tout événement une obligation certaine à une chance ou réciproquement. Vainement Servius Sulpicius proposait-il de le faire, du moins au cas d'*adjectio conditionis,* la pratique écartait ce premier éveil d'une doctrine que le préteur essaiera d'appliquer en introduisant les exceptions, et qui recevra sa consécration définitive au Bas-Empire.

II. *Translatio legati.* — C'est aussi un effet double, extinc-

---

(1) Gaius, III, § 176. M. Gide, *loc. cit.* p. 127 et suiv.

(2) L. 14, § 1. D. XLVI, 2, h. t. Marcellus ajoute que la condition arrivant, la novation ne s'opérera que si l'objet et les sujets de l'obligation existent encore à ce moment.

(3) Gaius, III, § 179.

tif et créateur, que doit produire la *translatio :* « quo casu simul Titio adimi videtur, et Seio dari » (1).

Mais deux différences saillantes séparent ce résultat de celui de la novation : 1° La *translatio* ne dessaisit pas le premier légataire et n'investit pas le second ; elle met simplement obstacle à la réalisation de l'espérance du premier en ouvrant un espoir au deuxième ; 2° les deux faces du résultat ne sont pas liées indissolublement ; l'analyse permet de retrouver dans la *translatio legati*, d'une part, une *ademptio*, et de l'autre, un *legatum novum ;* or ces deux éléments ne sont plus indécomposables du jour déjà ancien où la formule inverse n'est plus exigée pour détruire et transférer le legs ; alors en effet c'est l'intention qui règle l'étendue du résultat, et on pourra y découvrir la volonté de détruire, même la *translatio* fût-elle impossible.

On devra donc rechercher si l'intention du testateur était de faire au moins une *ademptio* à supposer la *translatio* impraticable ; or les textes tranchent la question dans des espèces de fait, dont je ne puis citer que quelques-unes :

1. L'indication d'un nouveau légataire peut attester le désir du testateur de faire une conjonction de légataires (2), ou l'intention d'éliminer le premier : question de volonté. Mais l'exclusion du légataire primitif se produira, alors même que le nouveau serait incapable ou le deviendrait (3), ou viendrait à mourir (4), ou que la chose léguée serait hors du commerce.

Les questions de fait joueront un rôle très important (5) ; et deux espèces qui sembleraient appeler la même décision, recevront des solutions différentes à raison de tel ou tel élément de détail les distinguant. C'est à l'aide de cette observation que j'explique la contradiction formelle de deux textes d'Ulpien dans une même hypothèse (6).

2. Supposons une *translatio legati* par addition de condition.

(1) Inst. II, 21, § 1.
(2) L. 33, D. XXX. De leg. 1°.
(3) L. 20, D. XXXIV, 4, h. t. L. 34, D. XXX. Leg. 1°.
(4) L. 8. D. XXXIV, 4, h. t. L. 78, § 10, D. XXXVI, 1, ad. snc. Treb.
(5) LL. 30, § 1 ; 31, D. XXXIV, 4, h. t.
(6) L. 3, § 7. D. XXXIV, 4, h. t. ; L. 10, p. D. XXXIV, 5. De reb. dub.

Je crois qu'ici comme dans la novation, la *translatio* ne s'opérait que si la condition du nouveau legs s'accomplissait ; autrement le premier subsistait. C'est ce que dit Ulpien : « Quod si alii legetur sub conditione quod alii pure datum est, non plane recessum videtur a primo ; sed ita demum, si conditio sequentis extiterit » (1). Mais à cette théorie rigoureuse seule admise avant lui, le jurisconsulte apporte un tempérament fondé sur l'équité et l'intention, le même que Servius Sulpicius cherchait à faire prévaloir dans la novation ; il dit en effet : « Ceterum si hoc animo fuerit testator, ut omnimodo recessum a primo putaverit, dicendum erit a primo ademptum legatum » (2).

3. Que si la *translatio* est faite par changement de légataire, les modalités du premier legs sont censées affecter le second ; car dans cette espèce on suppose que le testateur avait surtout en vue le changement de bénéficiaire et non pas celui du legs envisagé en lui-même. La présomption ne trouverait plus sa place si le legs était l'objet d'une *translatio in eamdem personam.*

C'est bien la distinction qui ressort des espèces prévues pour le terme dans la L. 36. § 1. D. XXXV. 1 ; pour la condition dans la L. 24. p. D. XXXIV. 4 et la L. 95. D. XXXV. 1. (3).

Cette dernière décision est en contraste absolu avec la novation ; la L. 126 § 2. D. XLV. 1 montre qu'alors les modalités, ne se suppléant pas facilement, ne peuvent pas être considérées comme tacitement transportées sur la seconde obligation.

4. Supposez-vous l'indication d'un nouvel objet ; peut-être le testateur a-t-il voulu donner les deux choses au légataire (4). Peut-être a-t-il voulu faire un changement d'objet ; si par hypothèse le second n'a pas été valablement laissé au légataire, celui-ci pourra se faire délivrer le premier, car

---

(1) L. 7, D. XXXIV, 4, h. t.
(2) Le même Ulpien en donne une application dans la L. 9, D. XXXIV, 4, h. t. — Comparez, L. 89, D. XXXV, 1. De Condit.
(3) Voir aussi, L. 28. D. XXXIV, 4, h. t., et L. 13 p. D. XXXIV, 1.
(4) L. 9. D. XXXIV, 4, h. t.

on présume que le défunt avait voulu en tous cas laisser quelque chose au légataire (1).

Telles sont les observations que nous a suggérées l'étude parallèle de la novation et de la *translatio legati ;* il n'est pas sans intérêt de ' rechercher en terminant quels étaient l'utilité et le but pratique de ces deux institutions.

I. *Novation.* — Sous le droit classique, la novation offre les principales utilités qui suivent :

1. Elle permet de substituer à une action quelconque, *incerta*, de bonne foi, une action de droit strict *ex stipulatu*, et de faciliter ainsi la solution des procès, en précisant la mission du juge et en supprimant des questions d'équité et d'arbitraire. Simple moyen de procédure, elle équivaut à une liquidation anticipée et conventionnelle du droit du créancier.

2. Elle prépare la libération du débiteur originaire, en fournissant une obligation *verbis* susceptible d'être éteinte par l'acceptilation.

3. Elle permet d'adapter à la nouvelle obligation verbale un cautionnement dans la forme d'une *sponsio* ou d'une *fidepromissio.*

. Mais ces trois intérêts disparurent ou perdirent de leur importance : le premier avec le système formulaire et la distinction entre les actions de droit strict et celles de bonne foi ; le second par l'apparition du pacte *de non petendo* qui peut s'appliquer à des obligations quelconques ; le dernier enfin par la possibilité de cautionner toutes les obligations au moyen de la *fidejussio* d'invention relativement récente.

La novation répond encore aux besoins que voici :

4. Elle permet de transférer une créance d'un titulaire à un autre. Elle agit *ipso jure*, mais présente sur la *procuratio in rem suam* cette infériorité d'exiger à la différence de celle-ci le consentement du débiteur (2).

(1) Je renvoie aux textes suivants donnant des décisions d'espèces. L. 24, D. XXXVI, 2 ; L. 19, D. XXXIV, 4.

(2) Ajoutez qu'elle détruit les sûretés qui garantissaient la créance originaire.

5. Elle opère la libération du débiteur originaire, en cas de changement de débiteur.

6. Elle donne la facilité d'introduire un élément nouveau dans l'obligation par addition ou retranchement d'une modalité.

Dans ces derniers cas la novation offre un moyen rapide et simple d'atteindre des résultats qu'on ne pourrait obtenir sans elle que par des procédés complexes. Elle évite en effet la nécessité d'éteindre d'abord une dette pour en faire renaître ensuite une autre, puisque sa formule aboutit à elle seule à un résultat extinctif et créateur tout à la fois. Simplification : voilà le dernier mot et le but pratique de la novation.

II. *Translatio legati.* — C'est aussi l'utilité dernière de la *translatio legati.*

Mais il est certains avantages qu'offrait la novation, et qui ne sauraient se présenter ici : 1° Pas d'*acceptilatio*, de *sponsio* ou de *fidepromissio* possibles, car non seulement il n'y a pas d'obligation verbale créée par la *translatio*, mais il n'y a même pas d'obligation ; 2° de plus le testateur chercherait vainement par ce procédé à rendre plus net et plus liquide le droit du légataire : ce droit n'existe pas ; le *legatum translatum* n'est qu'un projet.

J'ai dit, il est vrai, que sur ces points particuliers de procédure l'utilité de la novation s'était considérablement amoindrie.

Reste donc la possibilité de changer un des éléments du legs, un de ses sujets : grevé ou bénéficiaire. Mais là encore les utilités correspondantes de la novation sont plus sérieuses : cela tient à cette idée plusieurs fois émise que la novation vise un droit, et la *translatio legati*, une espérance.

La novation avait une fin très pratique puisque, en mettant plusieurs personnes en présence, elle réalise d'un seul coup plusieurs effets, évite des pertes de temps, des déplacements d'argent, etc. Elle permet au créancier de ne consentir qu'avec circonspection à une novation qui pourrait lui être désavantageuse, et de sauvegarder ses droits.

Si l'on songe, au contraire, que le legs est l'œuvre d'un seul individu, et que celui-ci nullement lié par son testament peut y apporter les modifications qu'il lui convient sans consulter personne, on reconnaîtra que l'utilité de la *translatio* est assez minime si elle aboutit simplement à ceci : permettre au testateur, au lieu de faire une *ademptio prioris legati*, puis un nouveau legs, de toucher d'un seul mot au même résultat. Peut-être en résumé l'utilité de la *translatio* n'était-elle qu'une économie d'écriture : j'ai peine à le croire ; mais je n'ose me prononcer à cause de la pénurie de textes qui traitent de la matière. Gaius n'en dit absolument rien dans son programme, et c'est à peine si notre titre au Digeste contient une quinzaine de fragments consacrés à ce sujet.

694-80. — Conseil. Typ. Crété.

www.ingramcontent.com/pod-product-compliance
Ingram Content Group UK Ltd.
Pitfield, Milton Keynes, MK11 3LW, UK
UKHW021021120726
13693UKWH00005B/2118